Catherine Rouchié

Accessoires en lin et Liberty

Le Temps Apprivoisé
7, rue des Canettes
75006 Paris

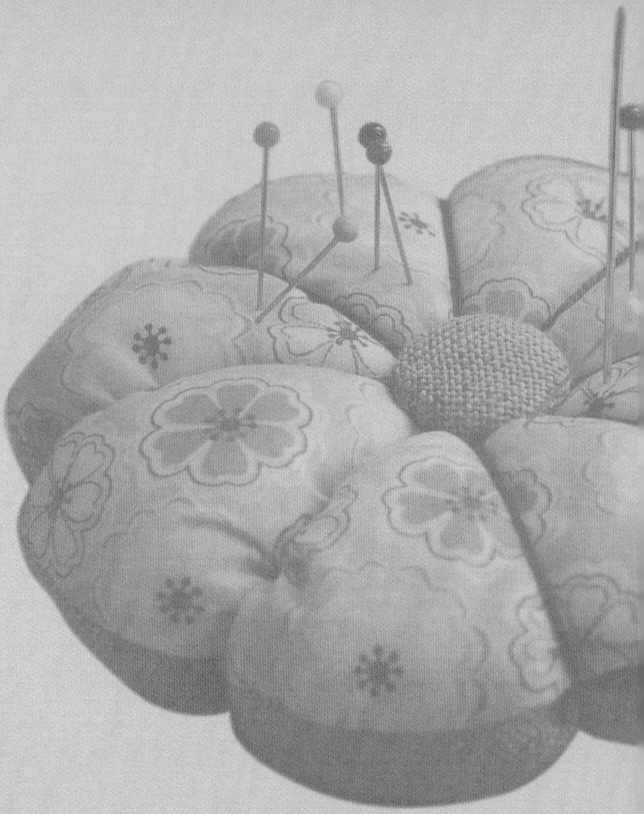

CONCEPTION GRAPHIQUE
Anne Bénoliel-Defréville

PHOTOGRAPHIES
Claire Curt

PHOTOGRAVURE
Chromo 2

Dépôt légal : avril 2007
ISBN : 978-2-283-58699-0

Imprimé en France par Clerc

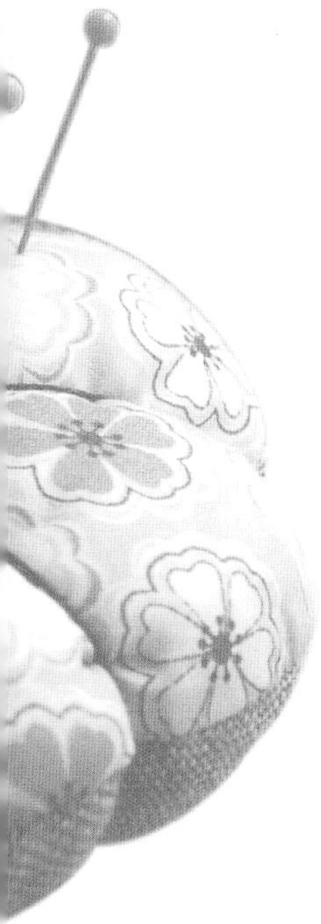

SOMMAIRE

Pour chaque réalisation, le nombre de pique-aiguilles précise le degré de difficulté :

Facile **Assez facile** **Assez difficile** **Difficile**

RECOMMANDATIONS ET ASTUCES

Le lin réduit toujours au lavage. Penser à le laver avant de le travailler.

UTILISATION DE LA VISELINE DOUBLE FACE

Coller la Viseline en repassant à fer chaud sur l'envers du tissu choisi.

Dessiner le modèle à découper sur le papier de la Viseline.

Attention ! Dans le cas de découpes de lettres, veiller à les reproduire à l'envers.

Découper la forme avec des petits ciseaux pointus.

Enlever la pellicule papier puis positionner la forme à l'emplacement souhaité. La fixer sur les tissus en repassant à fer chaud.

OÙ TROUVER DU LIBERTY ?

BOUCHARA
1-3 rue Lafayette, 75009 Paris

ECOLAINE
57 rue du Manoir-de-Sévigné, 35000 Rennes

ÉDITIONS DU NOPAL
4 rue de Castellane, 75008 Paris

TISSUS REINE
3-5 place Saint-Pierre, 75018 Paris

ENTRÉE DES FOURNISSEURS
6 rue des Francs-Bourgeois, 75003 Paris

Les lins utilisés sont des lins DMC

PRINTEMPS

Le panneau « Je suis dans le jardin »

Fournitures

- Lin DMC 11 fils/cm 3782 : 29 x 25 cm
- 3 Liberty différents : 1 coupon de 5 x 25 cm env., 1 coupon de 12 x 30 cm env., 1 coupon de 25 x 25 cm env.
- Doublure : 25 x 33 cm
- Mouliné DMC art. 117 : rose 3687 + vert 470
- 1 échevette Color Variation DMC 4170

Explications

Dans l'un des tissus Liberty, couper un rectangle de 4,5 x 25 cm (pour la bande inférieure). Dans l'autre Liberty, couper 2 rectangles de 5 x 14 cm (pour les passants). Dans le dernier, découper 3 ronds de 8 cm de diamètre (pour les fleurs). Broder au point de croix, sur le lin, la phrase « Je suis dans le jardin » avec 3 brins de mouliné rose. Avec les 3 ronds de Liberty, réaliser 3 yoyos. Pour cela, passer un fil de fronce à 3 mm du bord de chaque rond. Laisser dépasser le fil aux extrémités pour pouvoir froncer les tissus puis nouer ensemble ces fils. Aplatir le cercle obtenu en positionnant le centre des fronces au milieu. Appliquer les 3 yoyos face froncée contre le lin. Les fixer par un semis de points de nœud brodés avec le fil Variation au cœur de chaque fleur. Broder pour chacun une tige au point de tige avec le mouliné vert. Positionner endroit sur endroit la bande de Liberty sur la partie inférieure de l'ouvrage brodé. Coudre à 1 cm du bord. Ouvrir la couture au fer. Réaliser les 2 passants en pliant endroit sur endroit chaque rectangle dans le sens de la longueur. Piquer à 1 cm. Ouvrir la couture au fer, retourner les passants sur l'endroit, placer la couture au centre et repasser. Les plier en deux. Positionner la doublure et la pièce brodée endroit sur endroit.
Placer les passants entre la doublure et la pièce brodée à 5 cm de chaque côté. Coudre à 1 cm du bord en laissant une ouverture. Recouper les angles, retourner, repasser et fermer l'ouverture.

Je suis
dans le

Je suis
dans

dans le

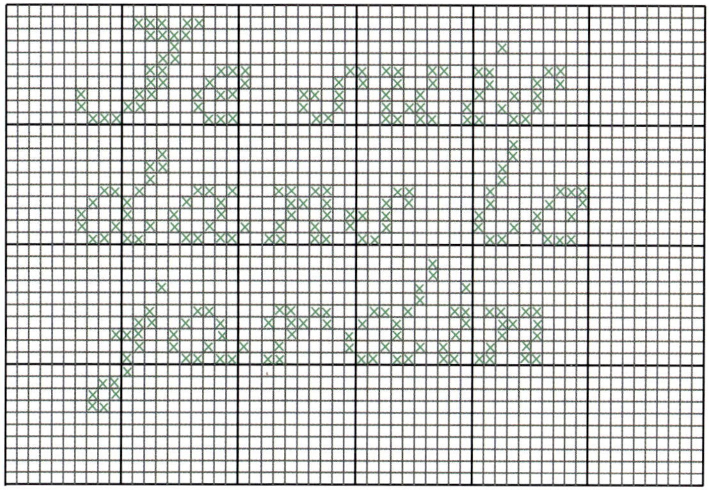

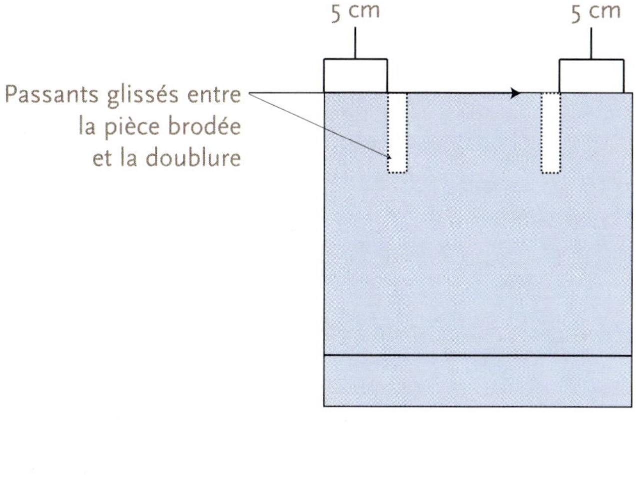
5 cm
5 cm
Passants glissés entre
la pièce brodée
et la doublure

NAISSANCE

Les panneaux fille et garçon

EXPLICATIONS (valables pour les deux tableaux)

Positionner la bande de Liberty de 11 x 29 cm sur le lin, endroit sur endroit et coudre à 1 cm du bord : on obtient un rectangle de 37 x 29 cm. Réaliser la bande froncée avec le rectangle de 30 x 4 cm. Plier la bande endroit sur endroit dans le sens de la longueur.
Piquer à 0,5 cm du bord, retourner et repasser en plaçant la couture au centre.
Passer un fil de fronce au niveau de la couture et froncer jusqu'à obtenir un ruban de 25 cm.
Répartir les fronces, positionner la bande sur le lin en lui donnant un mouvement de vagues. Coudre.
Reproduire sur la Viseline les motifs de chaque tableau, les encoller sur le Liberty puis sur le lin.
Cerner chaque motif d'un point de tige brodé avec 3 brins. Broder le prénom de l'enfant au point de croix avec 3 brins en le centrant.
Positionner la doublure sur l'endroit de l'ouvrage.
Coudre à 1 cm en laissant une ouverture.
Recouper les angles. Retourner, repasser et fermer l'ouverture. Coudre les anneaux de part et d'autre de l'ouvrage.

FOURNITURES (TABLEAU GARÇON)

- Lin DMC 11 fils/cm 3782 : 28 x 29 cm
- Liberty : 11 x 29 cm pour la bande supérieure + 30 x 4 cm pour la bande froncée
- Chutes de tissus pour les motifs
- Doublure en coton : 37 x 29 cm
- Viseline thermocollante double face
- 2 anneaux pour accrocher le tableau
- Fil DMC Color Variation 4230

FOURNITURES (TABLEAU FILLE)

- Lin DMC 11 fils/cm (jaune) 739 : 28 x 29 cm
- Liberty : 11 x 29 cm pour la bande supérieure + 30 x 4 cm pour la bande froncée
- Chutes de tissus pour les motifs
- Doublure en coton : 37 x 29 cm
- Viseline thermocollante double face
- Fil DMC Color Variation 4210

Tom
Lea

JOLIE FLEUR

La fleur pique-aiguilles

EXPLICATIONS

Recouvrir le bouton dans le tissu choisi. Poser les 2 cercles endroit sur endroit. Piquer à 1 cm du bord en laissant une ouverture d'env. 4 cm. Retourner et rembourrer l'intérieur du cercle. Fermer à petits points cachés. Prendre une grande longueur de fil perlé (environ 1 m), faire un nœud à une extrémité.
Piquer l'aiguille au milieu du cercle du dessous, traverser le bourrage et la ressortir au milieu du cercle du dessus. Former 8 pétales en respectant l'ordre de passage du fil indiqué sur le schéma.
Le fil doit sortir en X et rentrer derrière à l'exact opposé. Tirer fermement le fil à chaque passage pour réaliser les pétales. Une fois les pétales réalisés, faire un nœud sur la partie inférieure et arrêter le fil.
Coudre le bouton au milieu.

FOURNITURES

- Lin DMC 11 fils/cm 3782 : 1 cercle de 13 cm de diamètre
- Liberty : 1 cercle de 13 cm de diamètre
- 1 bouton à recouvrir de 2 cm de diamètre
- Prévoir un petit surplus de tissu (lin ou Liberty) pour y couper 1 cercle de 3 cm de diamètre qui servira à recouvrir le bouton
- Coton perlé DMC n° 8 col. 3685
- Rembourrage

Ordre de passage du fil perlé.

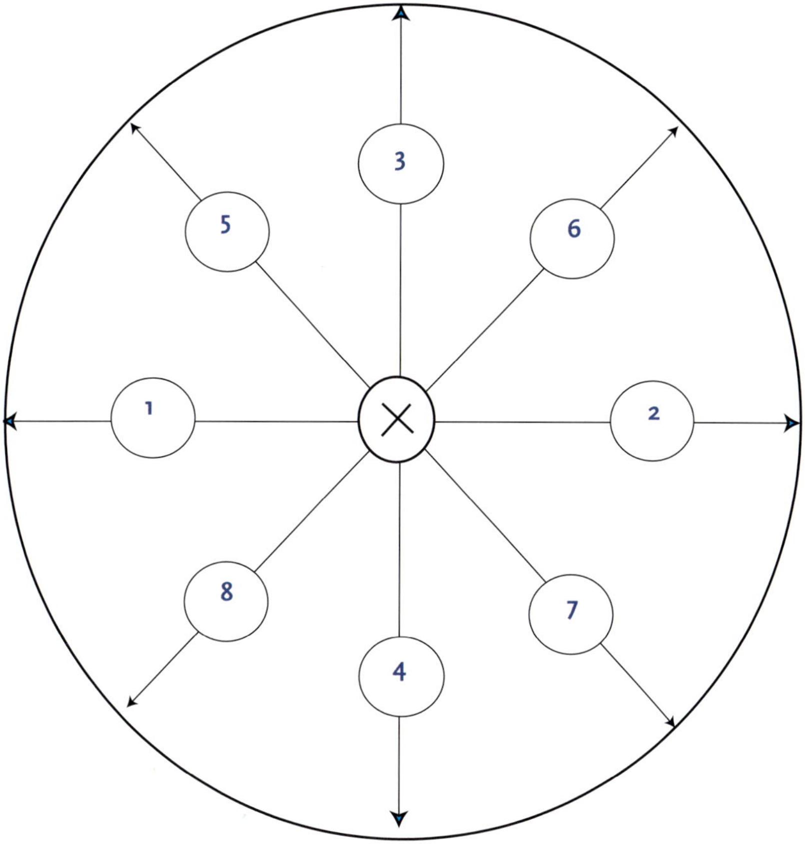

LETTRES FLEURIES

L'album photos

EXPLICATIONS

Coudre ensemble une largeur du lin avec une largeur de Liberty. Ouvrir la couture au fer. Sur l'endroit, positionner le croquet sur la couture et le coudre.

Coller de la Viseline sur l'envers du Liberty et y reporter les lettres du mot PHOTOS préalablement agrandies (les lettres doivent mesurer 3,5 cm de hauteur) à 180 % au photocopieur. Les découper minutieusement avec les petits ciseaux. Reconstituer le mot sur le lin à l'emplacement indiqué sur le schéma, aligner les lettres et les coller en repassant à fer chaud.

FOURNITURES
(POUR UN ALBUM PHOTOS DE 36 X 27 CM AVEC UN RABAT DE 8 CM)

- Lin DMC 11 fils/cm 3782 : 72 x 29 cm
- Liberty : 20 x 29 cm + 20 x 6 cm pour les lettres
- Doublure : 82 x 29 cm
- Croquet couleur lin bis : 29 cm
- Viseline thermocollante double face
- Papier-calque
- Petits ciseaux pointus

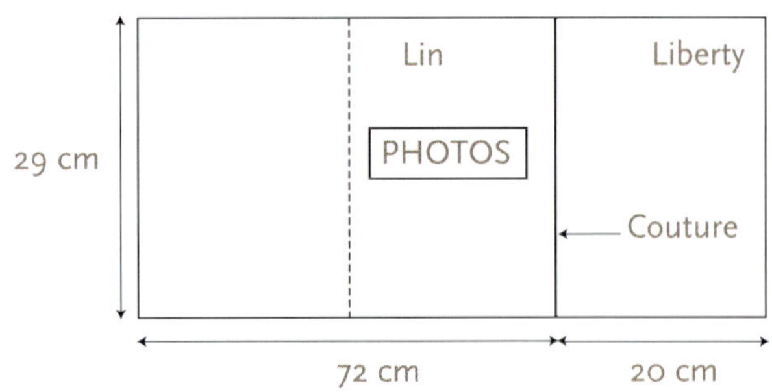

PHOTOS
PLASMA 2

PHOTOS
PHOTOS
PICTOPLASMA 2

Positionner la pièce de lin plus le Liberty sur la doublure, endroit sur endroit. Coudre les 2 largeurs de 29 cm ensemble à 1 cm du bord. Faire rentrer ces 2 largeurs sur 8 cm à l'intérieur de la doublure et du lin, maintenir par des épingles : on obtient un rectangle de 66 x 29 cm. Piquer les 2 longueurs de 66 cm à 1 cm des bords en laissant une ouverture de 10 cm à l'endroit indiqué pour retourner l'ouvrage sur l'endroit. Couper les angles et retourner sur l'endroit.
Repasser et fermer l'ouverture à points glissés.

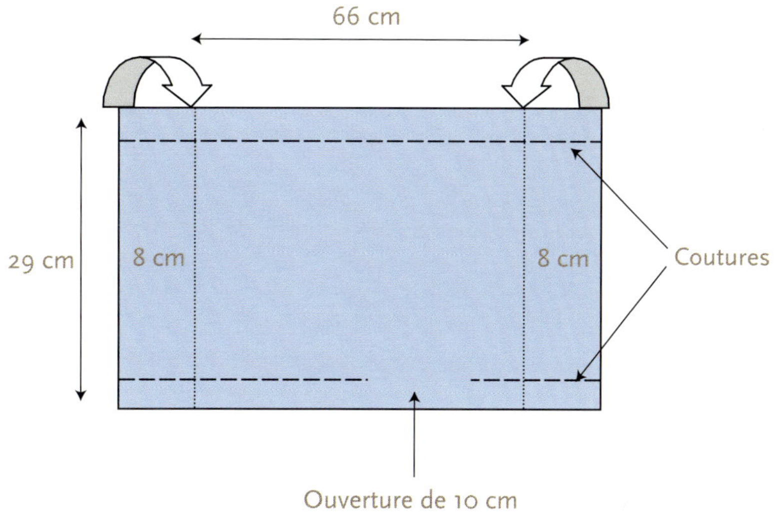

FLEURS DE PRINTEMPS

Le collier

EXPLICATIONS

Reproduire dans le lin et le Liberty, les formes des fleurs 1 et 2 des schémas ci-dessous. Chaque fleur est composée d'une fleur en Liberty et d'une autre en lin. Superposer la petite fleur sur la grande.

Réaliser le cœur en cousant 5 perles tubes surmontées chacune d'une perle rose. Coudre les 5 perles rouges autour de ces 5 perles. Réaliser ainsi 8 fleurs.

Disposer 4 fleurs sur le cordon en les espaçant de façon régulière. Accoler à ces fleurs les 4 autres, envers contre envers. Faire un petit point pour les coudre ensemble en prenant le cordon en même temps.

FOURNITURES

- Tissu Liberty
- Lin DMC 11 fils/cm 842
- Perles pour une fleur : 5 perles tubes vert tendre, 5 perles de rocaille roses et 5 perles de rocaille rouges
- 1 m de cordon rond vert

1

2

La broche

Explications

Reporter sur le lin et le Liberty les formes 1 et 2 des schémas page 20 et deux fois la forme 3 ci-dessous : on a 2 grandes et 2 petites. Découper les fleurs et les positionner l'une sur l'autre en alternant Liberty et lin.
Former le cœur de la même façon que pour les fleurs du collier. Coudre sur l'envers une attache de broche.

Fournitures

- Lin DMC 11 fils/cm 842
- Perles pour une fleur : 5 perles tubes vert tendre, 5 perles de rocaille roses et 5 perles de rocaille rouges
- 1 attache de broche à coudre

3

BLEU MOUCHETÉ

Le cabas

EXPLICATIONS

Encoller le Liberty en repassant à fer chaud sur l'envers du tissu un bout de Viseline. Dessiner plusieurs cercles de diamètres différents sur le papier. Les découper puis enlever la pellicule papier. Positionner les cercles sur l'un des rectangles de lin (face avant) et les coller en les repassant.

Coudre les perles de rocaille autour de chaque cercle de façon désordonnée.

FOURNITURES

- Lin DMC 11 fils/cm 3782 : 2 rectangles de 47 x 31 cm (face avant et face arrière) + 1 rectangle de 47 x 14,5 cm (fond)
- Liberty : 2 rectangles de 31 x 14,5 cm (côtés) + 2 rectangles de 72 x 10 cm (anses)
- Coton pour la doublure : 2 rectangles de 47 x 31 cm + 1 rectangle de 47 x 14,5 cm + 2 rectangles de 31 x 14,5 cm
- Perles de rocaille : 1 louche de perles dans un camaïeu de bleu et vert
- Viseline thermocollante double face
- Petits ciseaux pointus

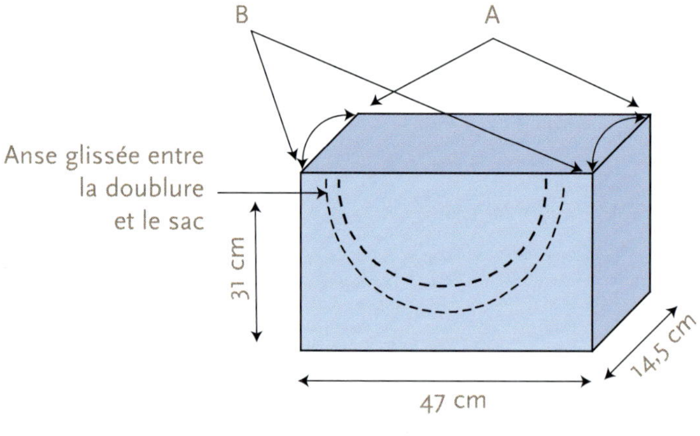

Montage du sac

Toutes les coutures se font endroit sur endroit à 1 cm des bords.
Coudre le fond du sac aux faces avant et arrière, puis ajouter les côtés en Liberty.
Réaliser le soufflet des côtés en faisant un pli creux et en juxtaposant les points A et B (voir schéma page 24).
Piquer sur 3 cm.
Faire la même chose avec la doublure, en laissant une ouverture de 10 cm dans l'une des coutures pour pouvoir retourner.

Montage des anses

Plier endroit sur endroit les 2 bandes de 72 x 10 cm dans le sens de la longueur. Piquer toute la longueur à 1 cm du bord.
Retourner, placer la couture au milieu et repasser.
Glisser le cabas dans la doublure endroit contre endroit.
Glisser les anses entre les 2 sacs.
Piquer le tour à 1 cm du haut. Retourner le sac sur l'endroit, fermer l'ouverture et repasser.

ÉLÉGANCE

Le sac couture vert

Explications

Couper 2 trapèzes dans le lin vert (face avant et arrière) en respectant les dimensions mentionnées sur le schéma de la page 31.

Fournitures

- Lin vert DMC 772 11 fils/cm : 50 cm x 1 m
- Liberty : 1 rectangle de 21 x 51 cm pour l'anse
- 2 rectangles de 45 x 13 cm pour réaliser le nœud
- Doublure : couper dans le coton 2 trapèzes identiques aux faces avant et arrière

L'anse

Plier endroit sur endroit la bande de Liberty de 21 x 51 cm dans le sens de la longueur. Piquer à 1 cm du bord. Retourner. Placer la couture au milieu et repasser. Avec le fer à repasser, marquer à chaque extrémité des plis verticaux de façon à réduire la largeur de 9 cm à 3 cm.

Les bandes pour le nœud

Plier endroit sur endroit les 2 rectangles de 45 x 13 cm. Piquer à 1 cm du bord dans le sens de la longueur. Ouvrir la couture au fer et la positionner au milieu, puis coudre l'une des extrémités à 1 cm du bord. Recouper les angles, retourner sur l'endroit et repasser. Positionner légèrement en biais les 2 bandes de part et d'autre du trapèze en lin, à 4,5 cm du bord supérieur, bords non finis contre le bord du sac. Piquer sur 8 cm puis former un nœud avec les extrémités libres. Superposer sur cette pièce l'autre trapèze en lin, coudre à 1 cm des bords les hauteurs et le bord inférieur endroit sur endroit. Faire la même chose avec la doublure en laissant une ouverture de 10 cm dans l'une des hauteurs.

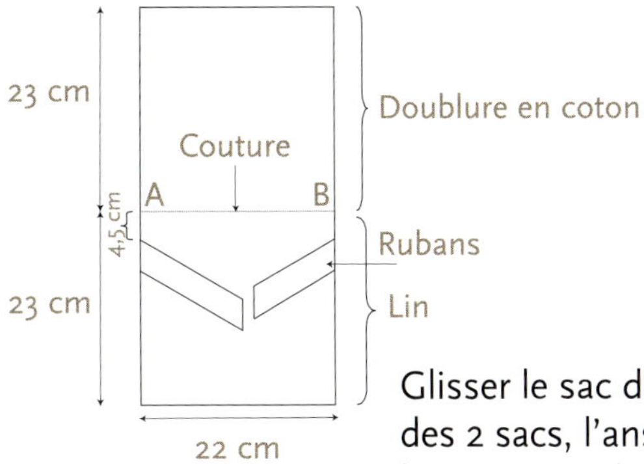

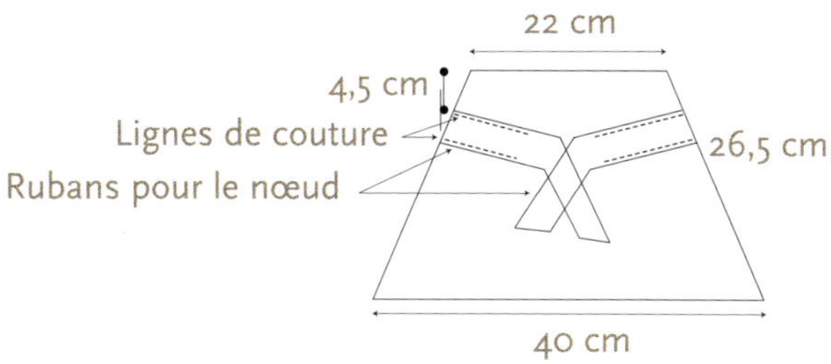

Glisser le sac dans la doublure endroit sur endroit ; puis, à l'intérieur des 2 sacs, l'anse. Positionner les extrémités de l'anse à cheval sur les coutures de côté. Piquer tout le tour à 1 cm du bord. Retourner, faire ressortir l'anse, refermer l'ouverture et repasser.

L'étui à lunettes

Explications

Les bandes pour le nœud

Plier endroit sur endroit les 2 bandes en Liberty. Piquer à 1 cm du bord dans le sens de la longueur. Ouvrir la couture au fer et la positionner au milieu. Coudre l'une des extrémités, couper les angles puis retourner sur l'endroit et repasser.

Fournitures

- Lin vert DMC 11 fils/cm 772 : 22 x 23 cm
- Liberty : 2 bandes de 7,5 x 30 cm pour réaliser le nœud
- Doublure en coton : 22 x 23 cm

Superposer endroit sur endroit le lin et le coton de la doublure.

Coudre le segment A-B à 1 cm du bord.

Ouvrir la couture au fer. Positionner les 2 rubans de part et d'autre de la pièce en lin, sur l'endroit, à 4,5 cm de la couture. Les coudre à 0,5 cm du bord.

Plier l'ouvrage endroit sur endroit dans le sens de la hauteur en superposant A sur B. Piquer la hauteur à 1 cm du bord, en laissant une ouverture de 5 cm au niveau de la doublure. Ouvrir la couture au fer et la centrer. Coudre les 2 extrémités à 1 cm du bord.

Retourner l'ouvrage sur l'endroit et rentrer la doublure dans l'étui.

Former le nœud avec les 2 rubans libres.

BERLINGOTS

La guirlande

EXPLICATIONS

Réaliser un rectangle de 10 x 20 cm en cousant ensemble les rectangles de Liberty et de lin (de 11 x 10 cm) à 1 cm du bord.
Plier ce rectangle en deux endroit sur endroit pour obtenir un carré de 10 x 10 cm.
Coudre ensemble à 0,5 cm A sur A', B sur B', C sur la moitié de C' (voir schéma page 34). Retourner l'ouvrage.
Remplir le berlingot de rembourrage. Faire un rentré de 0,5 cm avec les bords non finis et piquer à la machine C'' sur C' pour fermer l'ouvrage.
Enfiler les berlingots tous les 10 cm sur le fil perlé, en faisant un nœud sous chacun d'eux pour les bloquer.

FOURNITURES

- Pour un berlingot : 1 rectangle de lin DMC 12 fils/cm 3782 de 11 x 10 cm + 1 rectangle de Liberty de 11 x 10 cm
- Rembourrage
- Fil de coton perlé DMC de la longueur désirée

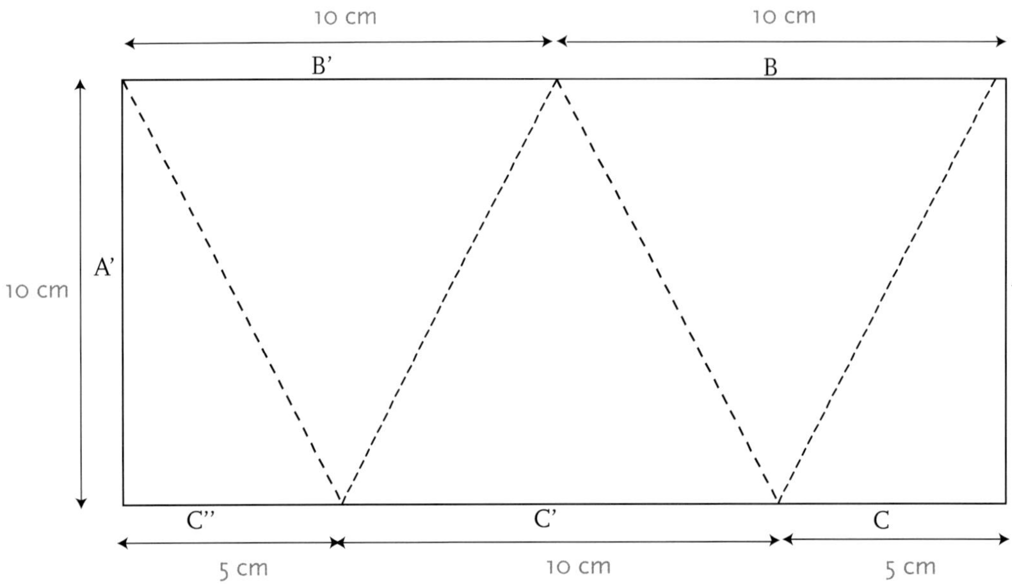
10 cm
10 cm
B'
B
10 cm
A'
A
C''
C'
C
5 cm
10 cm
5 cm

PIQUÉ DE ROSES

L'étole

EXPLICATIONS

Coudre une bande de Liberty endroit sur endroit à chaque extrémité du lin. On obtient une écharpe de 35 x 151 cm. Ouvrir les coutures au fer. Broder à cheval sur la couture, côté endroit, une ligne au point d'épine double avec 3 brins de mouliné vert.
Coudre des perles en suivant les indications du schéma ci-dessous. Poser la doublure sur l'endroit de l'écharpe. Coudre à 1 cm du bord. Laisser une ouverture de 10 cm, recouper les angles, puis retourner sur l'endroit. Fermer à points glissés.

FOURNITURES

- Lin DMC 12 fils/cm mauve 3743 : 35 x 111 cm
- Liberty : 2 bandes de 22 x 35 cm
- Mouliné DMC art. 117 n° 471
- 1 louche de perles de mini-rocaille de différents tons de rouge et de rose
- 1 aiguille spéciale pour coudre les perles n° 10-13 (DMC)
- Doublure : 35 x 151 cm

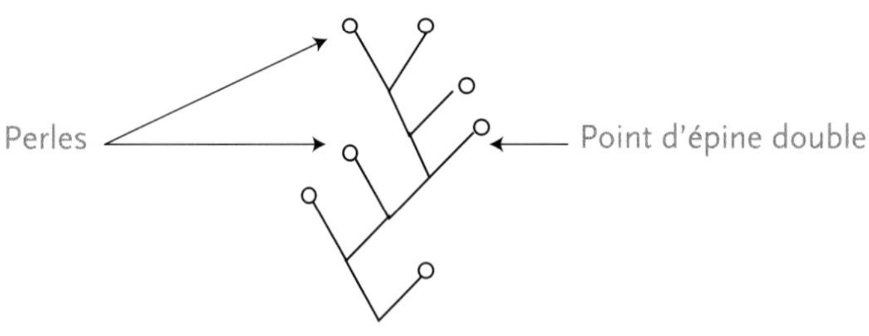

Le petit sac

Explications

Coudre le Liberty et le lin endroit sur endroit pour obtenir un rectangle de 35 x 66 cm. Ouvrir la couture au fer et broder sur celle-ci une ligne au point d'épine.
Broder les perles en suivant les indications données pour l'étole (page 36).
Plier le sac endroit sur endroit pour obtenir un rectangle de 33 x 35 cm.
Coudre ensemble les 2 hauteurs de 33 cm, à 1 cm du bord. Pour créer la base, former de part et d'autre de l'ouvrage, sur l'envers, 2 triangles de 11 cm de base et 5 cm de hauteur en suivant les indications du schéma.

Fournitures

- Lin DMC 12 fils/cm mauve 3743 : 35 x 51 cm + 2 bandes de 8 x 50 cm pour les anses
- Liberty : 17 x 35 cm
- Coton pour la doublure : 35 x 66 cm
- Mouliné DMC art. 117 n° 471
- 1 mesure de perles de mini-rocaille de différents tons de rouge et de rose
- 1 aiguille spéciale pour coudre les perles n° 10-13 (DMC)

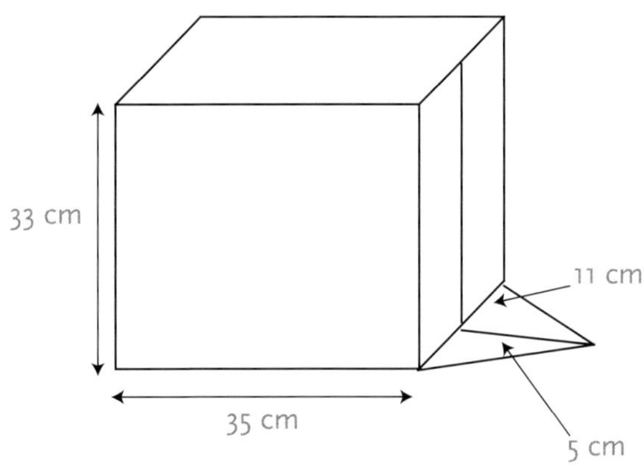

Faire la même chose avec le coton pour la doublure, en laissant une ouverture de 10 cm dans l'une des hauteurs.
Placer le sac dans la doublure, endroit contre endroit.
Former les anses en pliant les 2 bandes de lin endroit sur endroit. Piquer à 1 cm du bord. Retourner et repasser en positionnant la couture sur le milieu.
Placer les anses entre le sac et la doublure à 9,5 cm de chaque couture latérale. Piquer le tour du sac à 1 cm du bord en prenant les anses dans la couture. Retourner l'ouvrage sur l'endroit, fermer l'ouverture et repasser.

CŒURS DE FLEURS

Le petit plaid

EXPLICATIONS

Couper les rectangles de Liberty et de lin aux dimensions précisées sur le schéma de la page 42. Reproduire le schéma du cœur de la page 43. Thermocoller de la Viseline sur l'envers du Liberty pour pouvoir y reporter les cœurs. Découper les cœurs et les coller sur les pièces en lin en les repassant à fer chaud. Cerner chaque cœur d'un point de tige brodé avec 3 brins de mouliné. Assembler les bandes de lin et de Liberty par ligne en faisant une couture à 1 cm du bord.
Assembler les 4 bandes obtenues par une couture à 1 cm du bord.
Réaliser un biais de 3 m en assemblant différents bouts de Liberty de 4 cm de largeur. Plier le Liberty en deux dans le sens de la longueur, envers sur envers, puis marquer le pli au fer. Ouvrir et, de part et d'autre du pli obtenu, faire un rentré marqué au fer de 0,9 mm. Poser l'endroit du plaid sur l'endroit de la doublure. Poser le biais à cheval et le coudre sur deux largeurs et une longueur.
Insérer le molleton dans l'enveloppe obtenue et refermer l'ouverture en finissant de poser le biais.

FOURNITURES

- Chutes de différents Liberty et lin DMC 12 fils/cm 3782 à découper en tenant compte des dimensions données dans le schéma
- Viseline thermocollante double face
- Mouliné DMC art. 117 : différents coloris de rose
- Molleton : 66 x 80 cm
- Doublure en coton : 67 x 81 cm

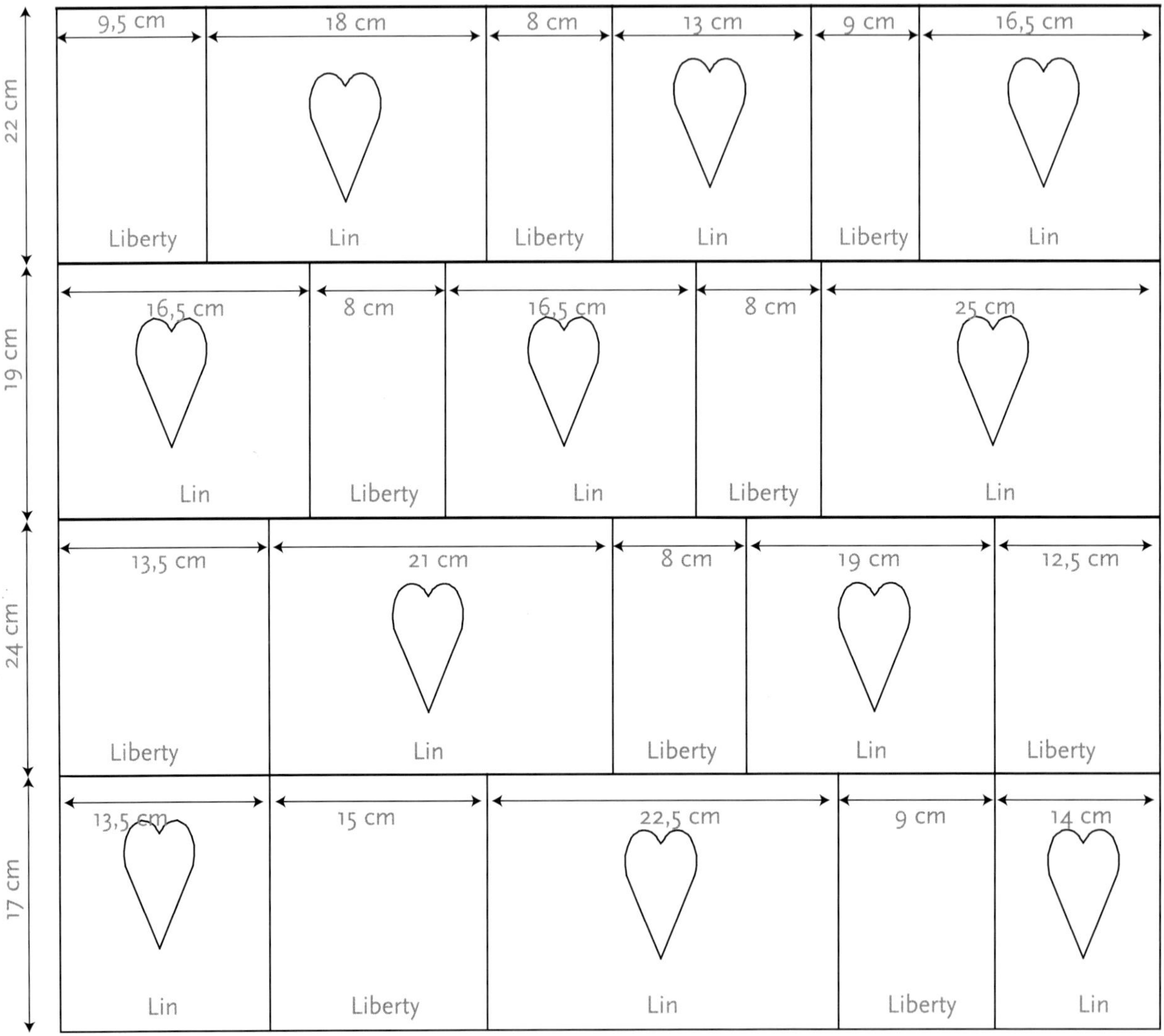
22 cm
9,5 cm
18 cm
8 cm
13 cm
9 cm
16,5 cm
Liberty
Lin
Liberty
Lin
Liberty
Lin
19 cm
16,5 cm
8 cm
16,5 cm
8 cm
25 cm
Lin
Liberty
Lin
Liberty
Lin
24 cm
13,5 cm
21 cm
8 cm
19 cm
12,5 cm
Liberty
Lin
Liberty
Lin
Liberty
17 cm
13,5 cm
15 cm
22,5 cm
9 cm
14 cm
Lin
Liberty
Lin
Liberty
Lin

SUSPENSION

Le losange moyen brodé

EXPLICATIONS

Broder une initiale sur le carré de lin de 14 cm de côté, en la centrant. Plier ce carré endroit sur endroit. Coudre D' sur D et C' sur C. Puis coudre A' sur la moitié de A et B' sur la moitié de B. Retourner l'ouvrage. Le rembourrer et fermer l'ouverture à points glissés.

FOURNITURES

- Lin DMC 12 fils/cm 3782 : 1 carré de 14 cm de côté + 2 carrés de 9 cm de côté
- Liberty : 2 carrés de 9 cm de côté + 1 carré de 13 cm de côté
- Mouliné DMC art. 117 pour broder l'initiale au point de croix
- 4 boutons en forme de fleur
- Rembourrage

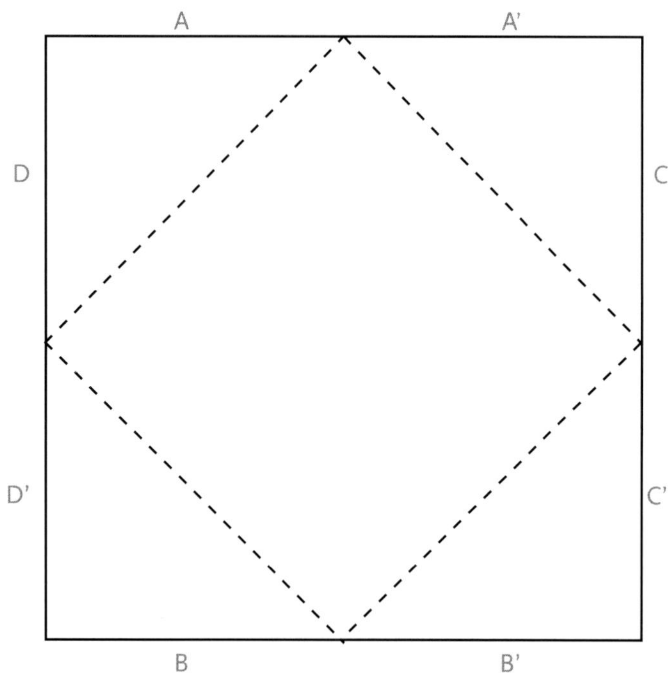

Le grand losange composé de lin et de Liberty

Explications

Composer un carré de 17 x 17 cm en assemblant ensemble les 2 carrés de lin et les 2 carrés de Liberty de 9 cm de côté en suivant le schéma de la page 44.

FLEURS BLEUES

Le vide-poches mural

EXPLICATIONS

Réaliser les 3 passants en pliant chaque rectangle en deux dans le sens de la longueur endroit sur endroit. Coudre à 1 cm du bord. Retourner sur l'endroit, repasser en plaçant la couture au milieu. Plier chaque passant en deux.
Doubler chaque poche en Liberty. Positionner la doublure sur l'endroit du Liberty, coudre à 1 cm du bord en laissant une ouverture de 5 cm sur l'un des côtés. Recouper les angles, retourner l'ouvrage sur l'endroit et repasser.
Positionner puis coudre les poches sur la pièce de lin.
Transférer sur le lin les motifs de fleurs (voir schéma page 51). Les broder avec 3 brins de mouliné, en suivant les indications de points et de couleurs.
Placer la doublure sur l'endroit de l'ouvrage.
Insérer les passants dans la partie supérieure entre la doublure et le lin. Piquer à 1 cm du bord, laisser une ouverture de 10 cm et recouper les angles.
Retourner l'ouvrage sur l'endroit, repasser et fermer à points glissés.

FOURNITURES

- Lin DMC 12 fils/cm 3782 : 61 x 43 cm
- Liberty : 3 rectangles de 7 x 18 cm pour les passants + 4 rectangles de 11,5 x 18 cm, 10,5 x 18 cm, 12,5 x 18 cm et 12,5 x 14,5 cm pour les poches
- Doublure en coton : 61 x 43 cm + 4 rectangles aux dimensions ci-dessus pour doubler les poches
- Mouliné DMC art. 117, 1 échevette de chaque coloris : bleu marine 823, blanc 3865, bleu 160
- Crayon transfert et papier-calque

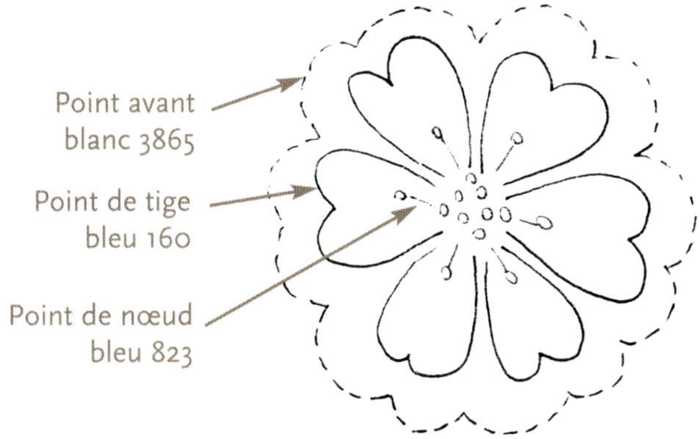
Point avant
blanc 3865
Point de tige
bleu 160
Point de nœud
bleu 823

Les trois boîtes gigognes

EXPLICATIONS DE LA GRANDE BOÎTE

Plier le Liberty endroit sur endroit de façon à obtenir un rectangle de 30,5 x 24 cm. Coudre une longueur et une largeur à 1 cm du bord. Pour créer la base, former de part et d'autre de l'ouvrage, sur l'envers, 2 triangles de 14 cm de base et 7 cm de hauteur en suivant les indications du schéma de la page 55.

FOURNITURES

POUR LA GRANDE BOÎTE
(HAUTEUR 15 CM, BASE 14 CM)

- Lin DMC 12 fils/cm, ivoire 712 : 61 x 24 cm
- Liberty : 61 x 24 cm

POUR LA BOÎTE MOYENNE
(HAUTEUR 16 CM, BASE 12 CM)

- Lin DMC 12/cm ivoire 712 : 52 x 24 cm
- Liberty : 52 x 24 cm

POUR LA PETITE BOÎTE :
(HAUTEUR 17 CM, BASE : 10 CM)

- Lin DMC, 12 fils/cm ivoire 712 : 44 x 24 cm
- Liberty : 44 x 24 cm

Explications de la boîte moyenne

Les explications sont identiques à celles de la page 52. Mettre le Liberty en doublure. Les triangles auront 14 cm de base et 6 cm de hauteur.

Explications de la petite boîte

Les explications sont identiques. Mettre le lin en doublure. Les triangles ont 14 cm de base et 5 cm de hauteur.

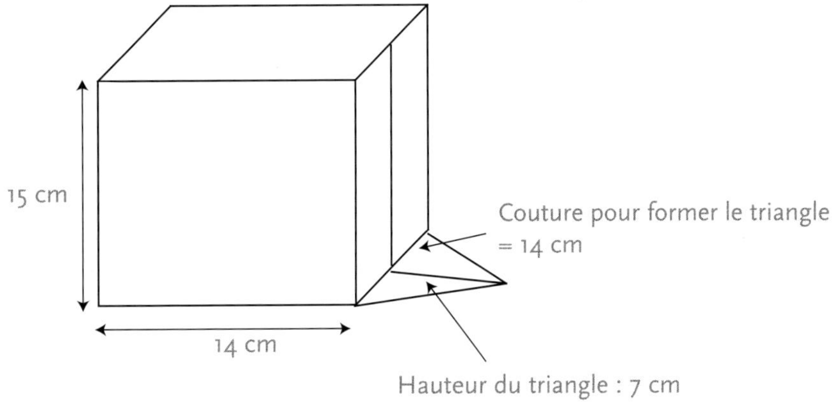

Fleurs rouges

Le chapeau

Explications

Réaliser le biais : plier la bande de 65 cm envers sur envers dans le sens de la longueur. Marquer le pli au fer. Ouvrir et rabattre les 2 bords sur la ligne du milieu en laissant 2 mm entre eux. Marquer ces plis au fer pour obtenir un biais de 1 cm de largeur.

Assembler puis coudre ensemble les 2 largeurs de la bande en Liberty à 1 cm des bords. Ouvrir les coutures au fer. Assembler endroit sur endroit le tube obtenu au cercle de Liberty, puis piquer. Faire de même pour la doublure. Confectionner le bord du chapeau en assemblant et en cousant ensemble les 2 largeurs du bord en lin. Répéter l'opération avec l'autre pièce en lin pour obtenir la doublure du bord du chapeau.

Assembler le bord ainsi obtenu sur le tube en Liberty, endroit sur endroit, épingler et coudre. Procéder de la même façon pour la doublure.

Placer la doublure dans le chapeau envers sur envers. Positionner le biais à cheval sur les bords restés ouverts, l'épingler et le coudre.

Fournitures

- Liberty : 1 cercle de 20 cm de diamètre + 1 bande de 11 x 60 cm pour le montant + 1 bande de 4 x 65 cm pour le biais
- Lin DMC, 12 fils/cm 3782 : le bord découpé en 2 fois selon le patron donné
- Doublure en coton : 1 cercle de 20 cm de diamètre + 1 bande de 11 x 60 cm pour le montant

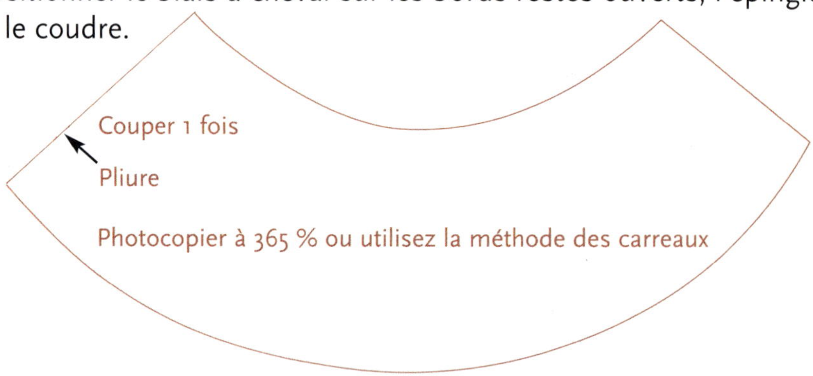

La trousse

Explications

Assembler endroit sur endroit A sur A' et B sur B' (voir schéma page ci-contre).

Ouvrir les coutures au fer et repasser. Plier la pièce au milieu envers sur envers et coudre les 2 hauteurs. Plier la doublure en deux de façon à avoir un rectangle de 26 x 23 cm de largeur. Coudre les 2 hauteurs en gardant une ouverture de 5 cm dans l'une d'elles pour pouvoir retourner l'ouvrage. Recouvrir les 2 boutons avec le Liberty. Glisser la trousse dans la doublure endroit sur endroit. Positionner les 2 rubans pliés en deux à 6 cm des coutures de côté en les glissant entre la doublure et la trousse. Coudre le bord supérieur en prenant les 2 rubans dans la couture. Retourner l'ouvrage sur l'endroit, glisser la doublure dans la trousse.
Coudre les 2 boutons en vis-à-vis des boutonnières.

Fournitures

- Liberty : 2 rectangles de 10 x 26 cm
- Lin DMC 12 fils/cm 3782 : 26 x 30 cm
- Doublure en coton : 26 x 46 cm
- 2 boutons à recouvrir de 2 cm de diamètre
- 2 rubans de 10 x 1 cm pour faire les boutonnières

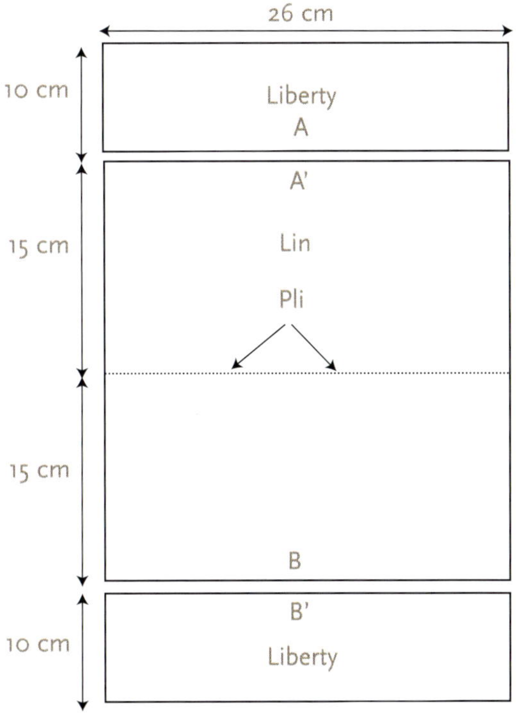
26 cm
10 cm
Liberty
A
A'
15 cm
Lin
Pli
15 cm
B
B'
10 cm
Liberty

JAPON

Le sac 3 poches

EXPLICATIONS

Monter chaque poche de la façon suivante : plier chaque tissu (Liberty ou lin) endroit sur endroit de façon à avoir 3 rectangles de 20 x 22 cm, 24 x 22 cm et 31 x 22 cm.
Coudre les 2 hauteurs de chaque poche à 1 cm du bord. Procéder de la même façon pour la doublure, en laissant une ouverture de 10 cm dans l'une des coutures pour pouvoir retourner l'ouvrage.
Réaliser les passants des poches. Plier les 6 bandes de 9 x 6 cm endroit sur endroit dans le sens de la longueur. Piquer à 1 cm du bord. Retourner et repasser en plaçant la couture au milieu du passant. Enfiler les 3 poches dans leurs doublures respectives, endroit sur endroit. Plier les passants en deux, et les positionner entre la doublure et le sac. Coudre le pourtour à 1 cm du bord. Recouper les angles et retourner chaque sac sur l'endroit.
Sur la petite poche en Liberty, poser et coudre le biais en faisant au milieu un nœud plat sur lequel sera cousu le bouton en nacre.
Insérer les anneaux cavaliers dans les 6 anses.

FOURNITURES

- Liberty : 40 x 22 cm pour la petite poche, 9 rectangles de 9 x 6 cm pour les passants
- Lin DMC 12 fils/cm mauve 3743 : 48 x 22 cm pour la poche moyenne
- Lin DMC 12 fils/cm ivoire 712 : 62 x 22 cm pour la grande poche
- Coton ivoire pour la doublure : 40 x 22 cm pour la petite poche + 48 x 22 pour la poche moyenne + 62 x 22 pour la grande poche + 95 x 12 cm pour la bandoulière
- 3 anneaux cavaliers de taille moyenne
- Biais mauve de 56 x 4 cm
- 1 bouton en nacre mate mauve de 2 cm de diamètre

La bandoulière

Plier la bande de 95 x 12 cm endroit sur endroit, dans le sens de la longueur. Piquer à 1 cm du bord. Retourner sur l'endroit, repasser et placer la couture au milieu.

Faire passer les extrémités de la bandoulière dans les 3 anneaux de chaque côté des poches. Faire un rentré de 0,5 mm aux extrémités, puis coudre le retour sur la bandoulière.

Dans la collection LTA Tendance

CHAQUE VOLUME : 17,5 X 19,5 cm - 64 PAGES - BROCHÉ - 9 €

Gris-gris et porte-bonheur, vol. 1

C. Nivet, E. Sicsic, G. Sorato

ISBN 2-283-58668-2
ISBN 978-2-283-58668-6

Gris-gris et porte-bonheur, vol. 2

C. Nivet, E. Sicsic, G. Sorato

ISBN 2-283-5858669-0
ISBN 978-2-283-5858669-3

Créations en laine feutrée, vol. 1

Catherine Pluvinage

ISBN 2-283-58664-X
ISBN 978-2-283-583664-8

Créations en laine feutrée, vol. 2

Catherine Pluvinage

ISBN 2-283-58673-9
ISBN 978-2-283-58673-0

Yoyos, accessoires de mode

Catherine Rouchié

ISBN 2-283-58666-6
ISBN 978-2-283-58666-2

Bijoux en plumes

Annic Hurtrer

ISBN 2-283-58670-4
ISBN 978-2-283-58670-9

Crochet, accessoires de mode

Bernadette Baldelli

ISBN 2-283-58677-1
ISBN 978-2-283-58677-8

Crochet créatif et raffiné

Bernadette Baldelli

ISBN 978-2-283-58691-4

Tricot, accessoires de mode

Agnès Zamboni

ISBN : 978-2-283-58685-3

Bijoux au crochet

Annic Hurtrer

ISBN : 978-2-283-58678-5

Fausse fourrure, mode et déco

Catherine Guidicelli

ISBN : 978-2-283-58684-6

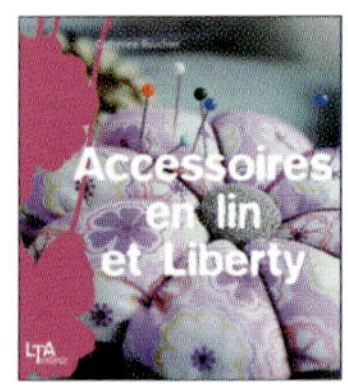

Accessoires en lin et Liberty

Catherine Rouchié

ISBN : 978-2-283-58699

Bijoux en fil

Denise Hoerner

ISBN : 978-2-299-00000-8